Добрий мій Пастир

Розділи з Біблії для дітей

Господь подібний до доброго пастуха. Він дає мені усе необхідне.

«Господь то мій Пастир, тому в недостатку не буду,»

Він приготував мені місце для відпочинку.

«на пасовиськах зелених оселить мене,»

Він дає мені мир і спокій.

«... на тиху́ю воду мене запровадить!»

Він оновлює мої сили і зміцнює мій дух.

«Він душу мою відживляє,»

Він допомагає мені поводитися гідно, щоб люди дізнавалися, наскільки добрий Бог.

«провадить мене ради Ймення Свого по стежках справедливости.»

Так що, коли щось і здається темним і страшним...

«Коли я піду хоча б навіть долиною смертної темряви,»

я не буду боятися, тому що зі мною Бог.

Він захищає мене
і втішає мене.

«Твоє жезло й Твій
посох вони мене
втішать!»

Бог приймає мене з ласкою і з любов'ю. Я до кінця не перерахую усіх благословінь від Бога.

«мою голову Ти намастив був оливою, моя чаша то надмір пиття!»

Його доброта і любов завжди будуть поруч зі мною.

«Тільки добро й милосердя мене супроводити будуть по всі дні мого життя,»

Я житиму з Ним вічно, на землі і на Небі.

«...а я пробуватиму в домі Господньому довгі часи!»

Допоможіть пастухові знайти втрачену вівцю.

Використовуючи ці малюнки, розкажи історію про те, як добрий пастух піклується про своїх овець.

Чи можеш ти знайти такі зображення в цій книзі?

Знайди 8 відмінностей.

Господь то мій Пастир, тому в недостатку не буду, на пасовиськах зелених оселить мене, на тиху воду мене запровадить!
Він душу мою відживляє, провадить мене ради Ймення Свого по стежках справедливости.
Коли я піду хоча б навіть долиною смертної темряви, то не буду боятися злого, бо Ти при мені, Твоє жезло й Твій посох вони мене втішать!
Ти передо мною трапезу зготовив при моїх ворогах, мою голову Ти намастив був оливою, моя чаша то надмір пиття!
Тільки добро й милосердя мене супроводити будуть по всі дні мого життя, а я пробуватиму в домі Господньому довгі часи!

Інші книги з цієї серії:

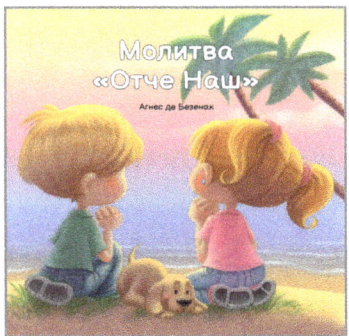

 Якщо вам сподобалося, будь ласка, розкажіть про нас вашим друзям.

 Відвідайте наш сайт за адресою www.iCharacter.org

 Ви також можете знайти наші електронні книги тут: iBookstore, Amazon Kindle и Google.

www.icharacter.org

Опубліковано: iCharacter Ltd. (Ireland)
www.icharacter.org
Складено: Агнес де Безенак
Переклад: Наталія Феррейра
Авторське право 2020.

Авторське право © 2020 iCharacter Ltd. Усі права захищені. Ніяка частина цієї книги не може бути відтворена у будь-якій формі або будь-яким електронним або механічним способом, включаючи системи зберігання і пошуку інформації, без письмового дозволу видавця або автора, за винятком випадків, коли рецензент може процитувати короткі уривки, використані в критичних статтях або в рецензії.

www.ingramcontent.com/pod-product-compliance
Lightning Source LLC
Chambersburg PA
CBHW040012080526
44586CB00028B/2975